TODO SOBRE EL RODEO
ALL ABOUT THE RODEO

LOS DOMADORES DEL RODEO

RODEO BULL RIDERS

Lynn Stone

Rourke
Publishing LLC
Vero Beach, Florida 32964

www.rourkepublishing.com

Photo credits:
Front cover © Elemental Imaging, back cover © Olivier Le Queinec, all other photos © Tony Bruguiere except page 5 © Sarah Burns, page 11 © Mike Kemmer, page 17 Dennis Oblander, page 19 © TJ Baird, page 21 © Zane Thompson

Editor: Jeanne Sturm

Cover and page design by Nicola Stratford, Blue Door Publishing

Spanish Editorial Services by Cambridge BrickHouse, Inc.   www.cambridgebh.com

Library of Congress Cataloging-in-Publication Data

Stone, Lynn M.
  Rodeo bull riders / Lynn M. Stone.
     p. cm. -- (All about the rodeo)
  Includes index.
  ISBN 978-1-60472-390-8 (hardcover)
  ISBN 978-1-60472-518-6 (hardcover bilingual)
  1. Bull riding--Juvenile literature. I. Title.
  GV1834.45.B84S86 2009
  791.8'4--dc22
                                  2008018793

Printed in the USA

CG/CG

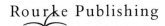

Rourke Publishing

www.rourkepublishing.com – rourke@rourkepublishing.com
Post Office Box 3328, Vero Beach, FL 32964

Contenido
Table Of Contents

La doma de toros / Bull Riding   4

Participar en la competencia / Running

    the Event   13

Los domadores / The Riders   20

Los toros / The Bulls   22

Historia de la doma de toros /

    The History of Bull Riding   26

Glosario / Glossary   30

Índice / Index   32

La doma de toros / Bull Riding

El toro es el animal más grande y más terrible del rodeo. Es un peso pesado con cuernos, misterio y **peligro** envueltos en músculo. Su mirada puede ahuyentar hasta a un oso. Y eso no es todo. Además de su fuerza física, el toro tiene un carácter fuerte que se puede resumir con esta oración: "Salte del medio, compadre".

Los vaqueros del rodeo tienen un carácter fuerte también. No hacen sus carreras huyendo de las cosas, incluídos los toros, que podrían pesar hasta 2000 libras (909 kilogramos). Para los domadores de toros, una corrida arriesgada encima de un toro es solo un desafío más, aunque es tremendo.

A bull is the biggest, baddest animal in the rodeo. It is a heavyweight with horns, mystique, and **menace** wrapped in muscle. Its eyes can cast a glance that would back down a grizzly. And that's not all. Along with brawn, a bull has attitude that can more or less be summed up as, "Stay way out of my way, dude."

Rodeo cowboys have attitude, too. They do not make careers out of backing down from anything, including bulls weighing in at 2,000 pounds (909 kilograms). For bull riders, the jarring ride aboard a bull is just another challenge, albeit a mighty one.

Este toro da patadas y tira a su domador mientras cae de nuevo al suelo en el estadio.

This kicking bull loses its rider as it jolts back to the arena floor.

Para los fanáticos del rodeo, domar un toro es el pináculo del deporte. Se combinan aquí la personalidad y los reflejos físicos de un atleta muy bien entrenado, contra las vueltas, las patadas y los brincos de un toro. La posibilidad de ver a alguien arriesgar su vida encima de un toro gigantesco con mal genio atrae una multitud de espectadores.

Observar a alguien tratar de domar un animal grandísimo que no quiere ser domado agrega una nota de dramatismo al espectáculo.

For many fans, bull riding is the pinnacle of rodeo sport. It pits the will and reflexes of a finely tuned human athlete against the violent twists, kicks, and leaps of a bull. The promise of seeing someone risk life and limb on the back of a humongous, ill-tempered bull draws throngs of spectators.

Watching someone else attempt to ride a very large animal that does not want to be ridden has the makings for great drama.

Al domar un toro, un atleta compite contra otro.

Bull riding pits one athlete against another.

Sin embargo, domar un toro tiene un elemento adicional: muchísimo peligro. Un caballo salvaje también prefiere que nadie lo monte, pero no pesa una tonelada y no tiene cuernos.

Más importante aún, un **bronco** no suele atacar al domador caído. El toro suele hacerlo, por lo que los **toreros** del rodeo inmediatamente arriesgan sus vidas para distraer al toro salvaje y alejarlo del domador caído. Los toreros suelen brincar rápidamente por encima de una cerca o dentro de un barril acolchonado para evitar el peligro. El toro podría darle cabezazos al barril y hacerlo rodar como una rueda, pero el torero está bien protegido dentro del barril.

Bull riding, though, has an additional element: extreme danger. A bucking horse prefers not to be ridden, too, but it neither weighs a ton nor has horns.

More important, a **bronco** does not normally attempt to attack a fallen rider. A bull often does, which is why rodeo **bullfighters** immediately risk their own hides to distract the bucking bull away from a fallen rider. Bullfighters can usually hustle over the fence or into a padded barrel and retreat safely. The bull may butt the barrel and send it rolling like a tire, but the bullfighter inside is well protected.

El torero del rodeo observa detenidamente la acción.

A rodeo bullfighter keeps a keen eye on the action.

Los toreros son extraordinariamente valientes y efectivos, pero no siempre pueden salvar a un domador caído, de los cuernos o las pezuñas del toro. Los toros suelen levantar sus cuatro patas al aire cuando saltan y no les importa dónde aterrizan.

Los **fallecimientos** son poco comunes, pero sí son parte de este deporte. En 1989, un toro provocó la muerte de Lane Frost a los vientiséis años, después de haberlo tirado. (La película *Ocho segundos*, de 1994, trata la vida de Frost.) Los toros también provocaron la muerte de Brent Thurman en 1994 y del canadiense Glen Keeley en 2000. Los toros provocaron la muerte de unos tres domadores más en 2007.

Bullfighters are remarkably brave and effective, but they cannot always save a thrown rider from the horns or hooves of a bull. Bulls often leap with all four feet off the ground, and they are not very careful about where they land.

Human **fatalities** are rare, but they are certainly part of this sport. A bull killed twenty-six year old Lane Frost in 1989 after he had been thrown. (Frost was the subject of a 1994 motion picture, *Eight Seconds*.) Bulls also killed Brent Thurman in 1994 and Canadian Glen Keeley in 2000. Bulls killed at least three more riders in 2007.

Un toro se precipita demasiado cerca del vaquero caído.

A bull hurtles dangerously close to the fallen cowboy.

Cada corrida es muy peligrosa; este domador por poco sufre una cornada.

Extreme danger rides with every out; this rider narrowly escaped being gored.

Aun así, con excepción de pocos casos, el toro salvaje y su domador sobreviven para enfrentarse en un futuro. Según las estadísticas de la organizac Domadores Profesionales de Toros (**PBR**, por sus siglas en inglés), un toro se lastima, terminando su carrera en el rodeo, una de cada 10 000 **corridas**.

Los domadores de toros son atletas de primera y evitan **sufrir una cornad** o patadas. Sin embargo, los investigadores están comenzando a reunir **datos** so el número exacto de muertes y heridas graves que sufren los domadores de tor Esperan que sus investigaciones ayuden a crear equipos de seguridad más efec

Still, except in a very few instances, the bucking bull and his rider live to du on another day. A bull, for example, has an injury that can end his rodeo career only once in nearly 10,000 **outs**, according to the Professional Bull Riders (**PB** organization's figures for its events.

Bull riders are athletes in peak condition, and they generally avoid being **go** or stomped. Researchers, however, are just beginning to gather **data** about the exact number of deaths and serious injuries that bull riders suffer. They hope th research will lead to better protective equipment.

A pesar del peligro, los domadores y los toros terminan la mayoría de las corridas sin herida alguna.

Despite the danger, most rides end with neither injury to rider nor bull.

Los toros del rodeo suelen dar cabezazos, pisotear o cornear a cualquiera que esté a su alrededor.

Rodeo bulls often butt, stomp, or gore anyone who is nearby.

Un toro que salte alto podría
tener una calificación más alta.

A high-flying bull is likely to be
a high-scoring bull.

Participar en la competencia / Running the Event

Domar un toro es una prueba de **doma**, o competencia calificada por un jurado. Una corrida se califica solo si el domador se mantiene montado durante ocho segundos. Después de los ocho segundos, la corrida termina oficialmente, aunque el domador haya sido tirado al suelo o permanezca sobre el toro. El domador no puede ganar puntos adicionales con una corrida más larga.

Ambos, el domador y el toro, reciben calificaciones de dos jueces. Cada juez otorga un total de 50 puntos, hasta 25 para el toro y 25 para el domador. La calificación más alta registrada por la PBR para un domador fue de 96.5 puntos.

Bull riding is a **roughstock**, or judged event. A ride, or out, is judged only if the rider stays aboard for eight seconds. After eight seconds, the ride is officially over, whether the rider has just been thrown to the dirt or remains on the bull. A longer ride does not earn bonus points for a rider.

Both rider and bull are judged, usually by two judges. Each judge awards a total of 50 points, up to 25 for the bull and 25 for the rider. The record PBR score for a rider is 96.5 points.

Un torero del rodeo se prepara para distraer el toro al caerse el domador.

A rodeo bullfighter prepares to distract a bull as the rider falls off.

Los toros más activos son los más difíciles de domar. También son los toros que más puntos de estilo ganan, así que un domador competitivo quiere poner sus destrezas a prueba con el mejor toro. Un toro gana puntos por su estilo aunque dé saltos durante solo dos segundos o durante los ocho segundos.

The most explosive bulls are the most difficult to ride. They are also the bulls that earn the most style points, so a competitive rider wants to match his skill against the best bull. A bull earns points for its style whether it bucks for two seconds or the full eight.

El toro gana puntos de estilo por sus altas patadas.

High kicks earn style points for the bull.

El domador y el toro comienzan la competencia en un **brete**, que es lo suficientemente angosto para mantener al toro en su lugar, sin poder dar saltos. El toro lleva una **verijera**, una soga suave que se amarra alrededor de sus flancos. Al toro le molesta la soga.

A rider and bull begin their event in a **chute**, which is tight enough to keep a bull in place and unable to buck. The bull wears a **flank strap**, a soft rope, around its middle. The strap is nothing more than an annoyance for the bull.

Una niña de 15 años se monta a un toro en el brete, durante una clase de rodeo.

A 15-year old girl at a rodeo workshop climbs aboard a bull in the chute.

Un toro molesto da patadas con sus patas traseras, tratando de quitarse la verijera. Un toro que no da patadas no es útil en el estadio.

An annoyed bull will kick its hind legs outward in an effort to ditch the strap. A bull that does not kick is not worth anything in the arena.

15

Mientras tanto, el domador monta el toro y agarra la soga con su mano enguantada. La soga está amarrada alrededor del toro, justo detrás de sus patas delanteras. No se parece en nada al timón de un carro. Sin embargo, es lo único que el vaquero puede agarrar bien para sujetarse. Sus espuelas lo ayudarán a sujetarse y mantener su equilibrio, pero la soga es su salvavidas.

Meanwhile, the rider climbs onto the bull and grasps the bull rope with his gloved hand. The rope is wrapped around the bull directly behind its front legs. It is by no means a steering wheel. It is, however, the only place where the cowboy can get a good grip. His spurs will give him some grip and balance, but the bull rope is his lifeline.

Las espuelas son pequeñas ruedas de acero puntiagudas, fijas a un soporte que está sujeto a las botas del vaquero. Las espuelas tienen puntas sin filo, para que no corten ni arañen al toro.

Spurs are small, pointed, steel wheels fixed to a frame attached to the cowboy's boots. Spurs have dull points, so they neither cut nor scratch the bull.

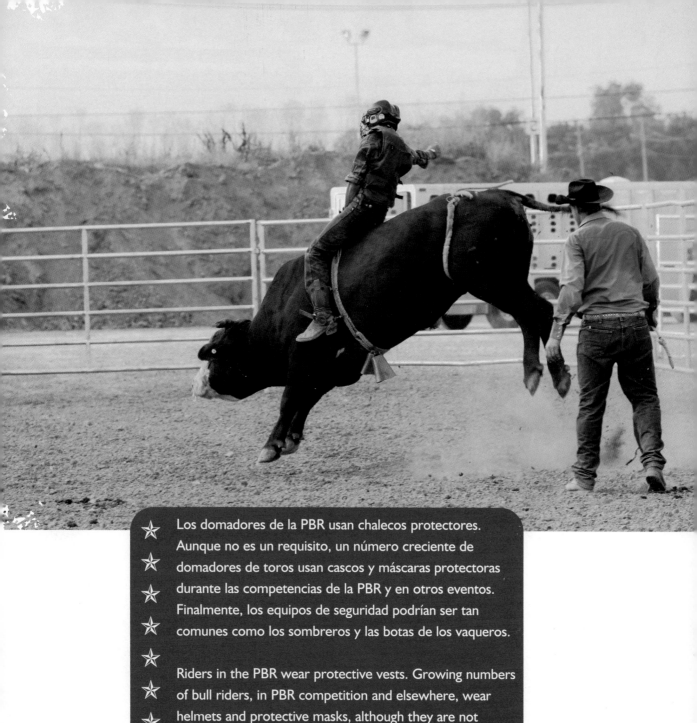

Los domadores de la PBR usan chalecos protectores. Aunque no es un requisito, un número creciente de domadores de toros usan cascos y máscaras protectoras durante las competencias de la PBR y en otros eventos. Finalmente, los equipos de seguridad podrían ser tan comunes como los sombreros y las botas de los vaqueros.

Riders in the PBR wear protective vests. Growing numbers of bull riders, in PBR competition and elsewhere, wear helmets and protective masks, although they are not required. Eventually protective equipment may be as common as cowboy hats and boots.

Este toro acróbata no le dará ocho segundos al domador.

This acrobat of a bull will not give the cowboy eight seconds.

La corrida comienza cuando sale el toro. Si el domador dura los ocho segundos, él termina su corrida y es calificado. Muchas corridas no se terminan, especialmente las que se llevan a cabo con los toros más activos. El toro campeón de 2007 pesaba 1960 libras (891 kilogramos) y se llamaba *Pollo Encadenado*. No te dejes engañar por su nombre: ¡Pollo Encadenado solo permitió a los domadores que se mantuvieran montados durante 3,5 segundos como promedio!

No es vergonzoso ser tirado por un toro antes de los ocho segundos requeridos. El domador campeón de la PBR de 2007, Justin McBride, intentó domar 89 toros y solo duró ochos segundos sobre 57 de estos. ¡Hasta los campeones caen al suelo antes de terminar!

The time for the run starts when the bull is released. If the rider lasts eight seconds, he has completed the ride and it is judged. Many rides are never finished, especially aboard the most explosive bulls. The 2007 champion bull, weighing 1,960 pounds (891 kilograms), had the unlikely name *Chicken on a Chain*. Don't be fooled by the name: Chicken on a Chain allowed the average rider to stay aboard for just 3.5 seconds!

It is no disgrace to be thrown before reaching the 8-second standard.

The 2007 PBR champion rider, Justin McBride, attempted 89 bulls and rode 57 of them for eight seconds. Even champions get dumped early!

Un torero del rodeo salta para llamar la atención del toro que se retuerce cerca del domador caído.

A rodeo bullfighter leaps to take a thrashing bull's attention away from a fallen rider.

Los domadores / The Riders

Los domadores de toros suelen comenzar sus carreras cuando son niños, especialmente si se crían en un rancho tradicional o en ambiente de rodeo. Algunos comienzan a domar animales antes de los trece años. El domador profesional J.B. Mauney comenzó a domar ovejas cuando tenía solo tres años.

Los hombres dominan el deporte de la doma. Sin embargo, DeeDee Crawford es una vaquera de múltiples talentos. En 2007, ganó el premio de domar toros en la competencia de mujeres y también es una excelente domadora de broncos.

Bull riders often begin their careers when they are kids, especially if they grow up in a traditional ranch or rodeo environment. Some of them begin riding animals when they are preteens. Professional bull rider J.B. Mauney began riding sheep when he was only three.

Bull riding is dominated by men. DeeDee Crawford, however, is a multi-talented cowgirl. She holds the 2007 women's bull riding title and also excels in bronc riding.

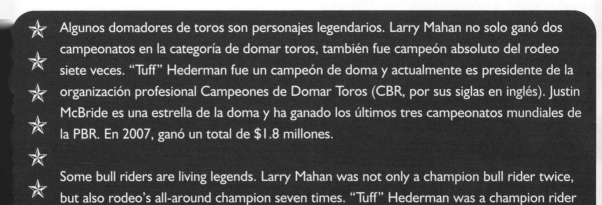

Algunos domadores de toros son personajes legendarios. Larry Mahan no solo ganó dos campeonatos en la categoría de domar toros, también fue campeón absoluto del rodeo siete veces. "Tuff" Hederman fue un campeón de doma y actualmente es presidente de la organización profesional Campeones de Domar Toros (CBR, por sus siglas en inglés). Justin McBride es una estrella de la doma y ha ganado los últimos tres campeonatos mundiales de la PBR. En 2007, ganó un total de $1.8 millones.

Some bull riders are living legends. Larry Mahan was not only a champion bull rider twice, but also rodeo's all-around champion seven times. "Tuff" Hederman was a champion rider who is today the president of Championship Bull Riding (CBR), a professional organization. Justin McBride is a current bull riding star, having won two of the last three PBR world titles. In 2007 he earned $1.8 million in prize money.

De tal palo, tal astilla; un niño doma un becerro mientras su padre domador aclama.

Chip off the old block, a youngster rides a calf to the cheers of his bull-riding father.

Los toros / The Bulls

No debes confundir la doma de toros con las corridas de toros de España y México. Esas corridas terminan en la muerte del toro en el estadio. Los toros del rodeo son valiosos y se cuidan. Un toro campeón podría valer $100 000 ó más.

Do not confuse rodeo bull riding with the bullfights of Spain and Mexico. Those fights end with the death of the bull in the arena. Rodeo bulls are valuable properties, and they are treated with care. A champion bucking bull can be worth $100,000 or more.

Después de su breve corrida en el rodeo, un toro campeón descansa el resto del día.

After its one brief appearance in the rodeo, this prize bull will be retired for the day.

Un toro llega a su **madurez** a los cinco o seis años de edad, cuando pesa entre 1700 y 1800 libras (771 a 816 kilogramos). Cada toro se monta solo una vez al día. Por el cuidado que reciben, los mejores toros pueden participar en el rodeo durante varias temporadas.

A bull generally reaches its **prime** at age five or six when it weighs between 1,700 and 1,800 pounds (771 to 816 kilograms). Each bull is ridden just once a day. Because they are treated with care, the best performing bulls can remain on the rodeo circuit for several seasons.

Un toro persigue a un torero antes de salir del estadio. Después de muchas corridas, con el tiempo, los toros parecen saber cuándo han pasado ocho segundos y salen fácilmente de los estadios.

A bull chases a bullfighter before leaving the arena. After many rides, over time, bulls seem to know when eight seconds have passed and they leave arenas quite easily.

Los toros grandes pueden ser tan acróbatas como los toros más pequeños.

Big bulls can be just as acrobatic as smaller bulls.

Los toros más grandes pesan hasta 2200 libras (998 kilogramos). Los toros más pequeños se usan en las competencias para jóvenes y mujeres.

The largest bulls weigh up to 2,200 pounds (998 kilograms). Smaller bulls are used in junior and women's events.

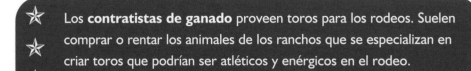

Los **contratistas de ganado** proveen toros para los rodeos. Suelen comprar o rentar los animales de los ranchos que se especializan en criar toros que podrían ser atléticos y enérgicos en el rodeo.

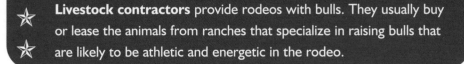

Livestock contractors provide rodeos with bulls. They usually buy or lease the animals from ranches that specialize in raising bulls that are likely to be athletic and energetic in the rodeo.

La **raza** Brahman se distingue por su gran joroba y ha estado asociada a los toros de los rodeos durante muchos años. Aunque muchos tienen un poco de decendencia Brahman, la mayoría de los toros salvajes son una mezcla de razas.

The distinct Brahman **breed** with its tall hump has been associated with rodeo bulls for many years. Most bucking bulls today are a mix of breeds, although many still have a portion of Brahman.

Desde hace mucho tiempo, la raza Brahman ha conformado la genética de los toros del rodeo.

Brahma bulls have been part of rodeo bull genetics for a long time.

Historia de la doma de toros / The History of Bull Riding

A diferencia de muchos otros deportes, la doma de toros no era una tarea necesaria para los vaqueros en los ranchos ni los campos del Oeste. No se lograba nada con domar un toro. Pero después de que se estableciera el deporte de domar broncos, domar toros se convirtió en el próximo gran desafío.

Unlike many rodeo sports, bull riding was not one of the necessary ranch and range skills of western cowboys. There was nothing useful to be gained by riding a bull. But after bronc riding was established, bull riding became the next great challenge.

El área de competencias del estadio continúa siendo peligroso justo después de que un vaquero ha sido tirado de un toro.

The arena floor remains dangerous immediately after a cowboy is thrown from a bull.

Alrededor de 1920, domar toros se incluyó por primera vez en los rodeos como una presentación en vez de un deporte competitivo. Pero a finales de la década de 1920, domar toros empezó a ganar el interés de las audiencias y el estatus de deporte.

En años recientes, domar toros se ha hecho tan popular que un grupo pequeño de domadores formó su propia organización, Domadores Profesionales de Toros (PBR, por sus siglas en inglés), en 1993, e hicieron una gira con sus presentaciones de rodeo.

Bull riding first appeared in rodeos as an exhibition rather than a competitive sport, probably in the 1920s. But by the end of the 1920s, bull riding was beginning to gain an enthusiastic audience and sport status.

Bull riding has become so popular in recent years that a small group of bull riders formed their own organization, the Professional Bull Riders (PBR), in 1993 and took their bull riding rodeo show on the road.

El campeón de rodeo B. J. Schumacher compite encima de Gunner durante las Finales del Rodeo Nacional.

Bull riding champion B. J. Schumacher competes aboard Gunner in the National Finals Rodeo.

Mientras tanto, la Asociación de Vaqueros de Rodeo Profesional (PRCA, por sus siglas en inglés) continúa auspiciando sus competencias de doma en los rodeos de todo el país. Además, domar los toros es parte de otras competencias profesionales y muchas competencias para **aficionados** en toda la nación. Una pequeña cantidad de mujeres participa en domar toros durante las competencias de la Asociación de Mujeres de Rodeo Profesional.

Meanwhile, the Professional Rodeo Cowboys Association (PRCA) continues to sponsor its bull riding events at PRCA rodeos throughout the country. In addition, bull riding is part of the program at other pro events and many **amateur** events nationwide. A small number of women participate in bull riding at Women's Professional Rodeo Association (WPRA) events.

A los fanáticos les encantan los toreros que atraen a los toros para que se alejen de los domadores caídos.

Fans love the bullfighters who lure bulls away from downed riders.

Al trasmitirse las competencias profesionales por televisión a nivel nacional, domar toros se ha hecho más popular que nunca. Puede que en un futuro domar toros atraiga a muchos más fanáticos. Sin embargo, el enfoque será la seguridad del domador. La meta es hacer menos peligrosa la corrida del toro salvaje.

The popularity of bull riding is at an all time high as professional events are broadcast nationally on television. Bull riding most likely will please even more fans in the future. However, look for greater attention to bull riders' safety. The goal is to make the bull rider's wild ride a safer ride.

Glosario / Glossary

aficionado: alguien que compite, pero no por dinero

amateur (AM-uh-chur): one who competes, but not for money

bronco: un caballo que da corcovos

bronco (BRON-ko): a bucking horse

brete: un espacio angosto con cercas altas en donde los animales pueden estar solos y separados de otros animales

chute (SHOOT): a tight, high-sided space in which individual animals can be contained and kept apart from each other

contratistas de ganado: aquellos que crían y venden o rentan caballos o ganado para su uso en los rodeos

livestock contractors (LIVE-stok KON-trakt-urz): those who raise, and sell or lease, horses or cattle for rodeo use

corridas: el número de veces en que se monta un animal

outs (OUTZ): the number of times an animal is actually released to be ridden

datos: información que se reúne a través de un método cuidadoso y especializado

data (DAY-tuh): information gathered by a careful, practiced method

doma: se refiere a las competencias calificadas en las que participan broncos y toros

roughstock (RUHF-stok): referring to rodeo's judged events with broncos and bulls

Domadores Profesionales de Toros: PBR, por sus siglas en inglés; una organización de domadores de toros que auspicia sus propias competencias de doma a nivel nacional

PBR (PBR): Professional Bull Riders; an organization of bull riders that sponsors its own bull riding events nationwide

fallecimientos: muertes

fatalities (fay-TAL-uh-teez): deaths

madurez: el periódo en que está en su mejor forma para competir

prime (PRIME): the time of peak condition for competition

peligro: algo que promete o sugiere daño

menace (MEN-iss): that which promises or suggests danger

raza: un tipo de animal domesticado en particular que está dentro de y relacionado con un grupo más grande, como la raza Brahman es parte del ganado vacuno

breed (BREED): a particular kind of domestic animal within a larger, closely-related group, such as the Brahman within the cattle group

sufrir una cornada: ser lesionado por un objecto afilado, especialmente el cuerno de un animal

gored (GORD): to be wounded by a sharp object, especially by an animal's horn

toreros: vaqueros del rodeo que distraen a los toros salvajes después de que han tirado a un domador

bullfighters (BUL-fite-urz): rodeo cowboys who distract bucking bulls after a bull rider has been thrown

verijera: una correa que se amarra alrededor de los flancos de un bronco para obligarlo a dar saltos

flank strap (FLANGK STRAP): a band tied around a bull's flanks to encourage bucking behavior

Lecturas adicionales / Further Reading

¿Quieres aprender más sobre los rodeos? ¡Los siguientes libros y sitios web son un buen punto de partida!

Want to learn more about rodeos? The following books and websites are a great place to start!

Libros / Books

Halvorson, Marilyn. *Bull Riders*. Orca, 2003.

Kubke, Jane and Jessica Kubke. *Bull Riding*. Rosen, 2006.

Liny, Stephen. *Professional Bull Riding Fan Guide*. Sports Publishing, 2008.

Sitios web / Websites

http://www.pbrnow.com

http://prorodeo.org

www.nlbra.com

Índice / Index

Asociación de Mujeres de Rodeo
   Profesional / Women's
   Professional Rodeo
   Association   28
Asociación de Vaqueros de Rodeo
   Profesional / Professional
   Rodeo Cowboys
   Association   28
Campeones de Domar Toros /
   Championship Bull Riding   20
cascos / helmets   17
corridas / outs   10
corridas de toros / bullfights   22
Crawford, Dee Dee   20

Domadores Profesionales de
   Toros / Professional Bull Riders
   (PBR)   10, 17, 27
espuelas / spurs   16
fallecimientos / fatalities   8
Hederman, "Tuff"   20
jueces / judges   13
Mahan, Larry   20
máscaras / masks   17
Mauney, J.B.   20
McBride, Justin   19, 20
puntos / points   13, 14
raza Brahman / Brahman
   breed   25
soga / bull rope   16
toreros / bullfighters   7, 8
verijera / flank strap   15

Sobre el autor / About the Author

Lynn M. Stone es fotógrafo, conocido mundialmente por sus fotos de la fauna y la flora y de animales domésticos. Es también autor de más de 500 libros para niños. Su libro *Box Turtles* fue nombrado "El Libro de ciencias más destacado" y "Elección de los selectores 2008" por el Comité de Ciencias del *National Science Teachers' Association* y el *Children's Book Council*.

Lynn M. Stone is a world-reknowned wildlife and domestic animal photographer. He is also the author of more than 500 children's books. His book *Box Turtles* was chosen as an "Outstanding Science Trade Book" and "Selectors' Choice for 2008" by the Science Committee of the National Science Teachers' Association and the Children's Book Council.